AF189271

Impressum
Verlag: BABADADA GmbH, Nedderfeld 112 , 22529 Hamburg
Geschäftsführer / Verlagsleitung: Harald Hof
Druck: Books on Demand GmbH, In de Tarpen 42, 22848 Norderstedt

Imprint
Publisher: BABADADA GmbH, Nedderfeld 112 , 22529 Hamburg, Germany
Managing Director / Publishing direction: Harald Hof
Print: Books on Demand GmbH, In de Tarpen 42, 22848 Norderstedt, Germany

die Schule

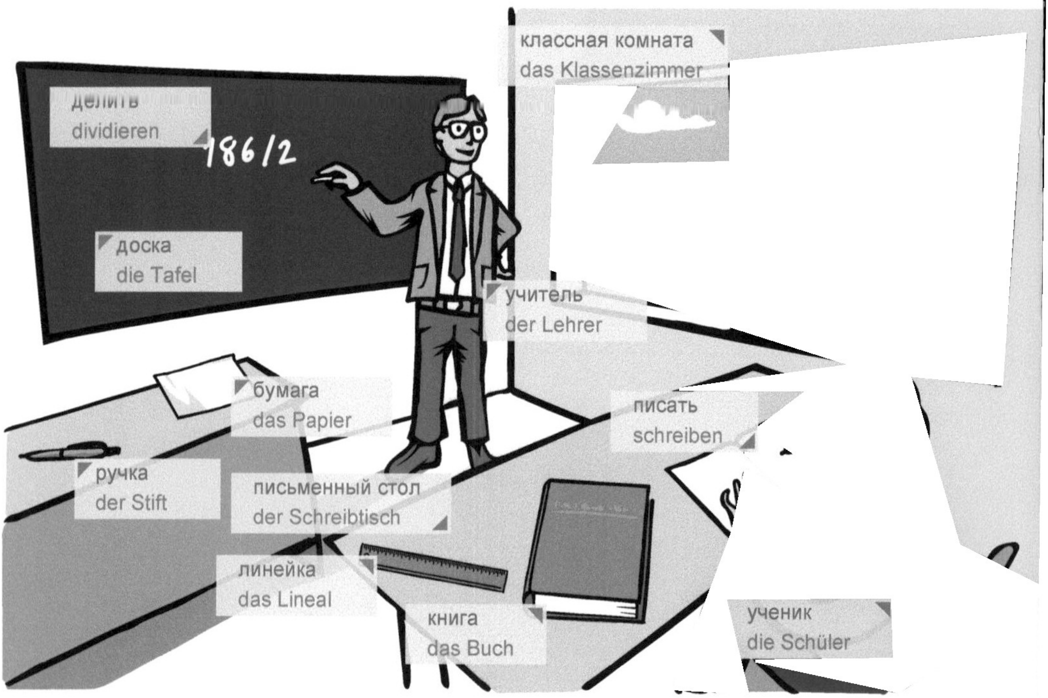

классная комната
das Klassenzimmer
делить
dividieren
186/2
доска
die Tafel
учитель
der Lehrer
бумага
das Papier
писать
schreiben
ручка
der Stift
письменный стол
der Schreibtisch
линейка
das Lineal
книга
das Buch
ученик
die Schüler

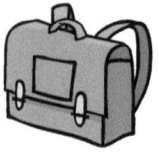

ранец

der Ranzen

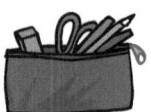

пенал

die Federmappe

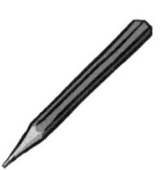

карандаш

der Bleistift

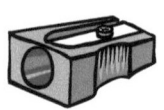

точилка

der Bleistiftanspitzer

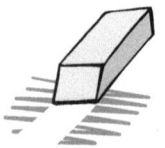

ластик

das Radiergummi

альбом для рисования

der Zeichenblock

рисунок

die Zeichnung

кисточка

der Pinsel

коробка красок

der Malkasten

ножницы

die Schere

клей

der Klebstoff

тетрадь

das Übungsheft

домашняя работа

die Hausaufgabe

цифра

die Zahl

прибавлять

addieren

вычитать

subtrahieren

умножать

multiplizieren

считать

rechnen

буква

der Buchstabe

алфавит

das Alphabet

слово

das Wort

текст

der Text

читать

lesen

мел

die Kreide

урок

die Stunde

классный журнал

das Klassenbuch

экзамен

die Prüfung

диплом

das Zeugnis

школьная форма

die Schuluniform

образование

die Ausbildung

энциклопедия

das Lexikon

университет

die Universität

микроскоп

das Mikroskop

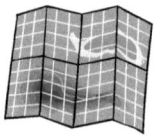

карта

die Karte

корзина для бумаг

der Papierkorb

путешествие
die Reise

гостиница
das Hotel
Grand
турбаза
die Herberge
ROOMS
пункт обмена валюты
die Wechselstube
CHANGE
чемодан
der Koffer
автомобиль
das Auto

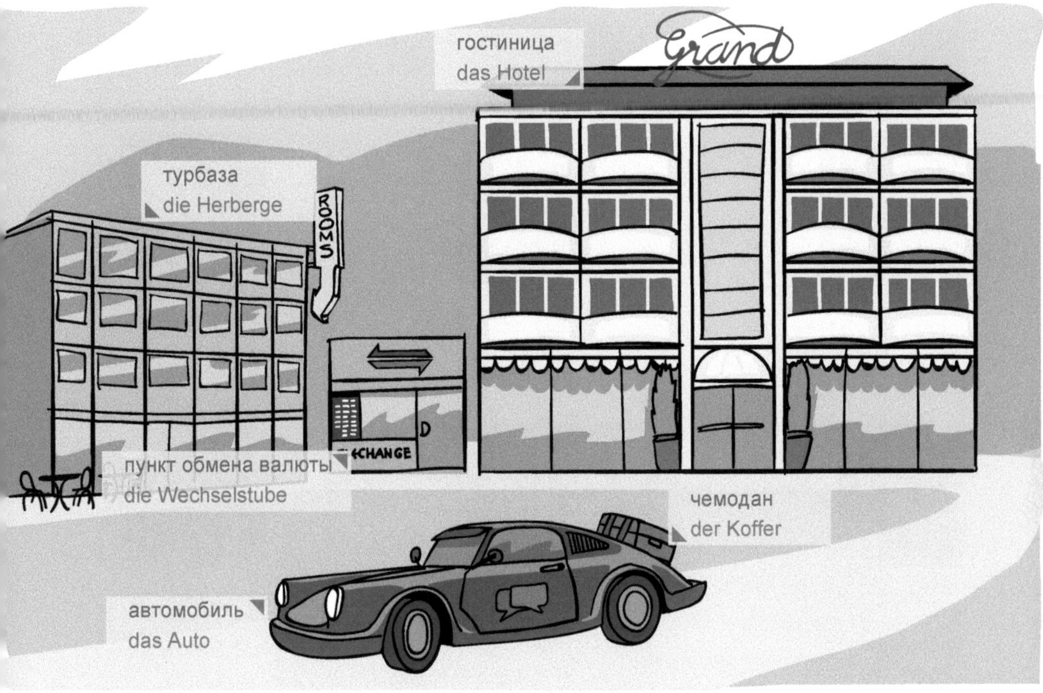

язык

die Sprache

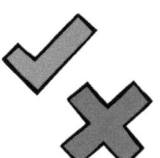

да / нет

ja / nein

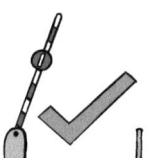

хорошо

Okay

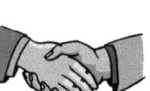

Привет

Hallo

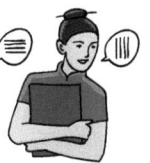

переводчик

der Übersetzer

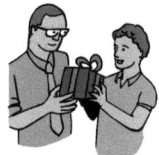

Спасибо

Danke

Сколько стоит…?

Was kostet…?

Я не понимаю

Ich verstehe nicht

проблема

das Problem

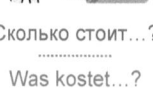

Добрый вечер!

Guten Abend!

Доброе утро!

Guten Morgen!

Доброй ночи!

Gute Nacht!

До свидания

Auf Wiedersehen

направление

die Richtung

багаж

das Gepäck

сумка

die Tasche

рюкзак

der Rucksack

гость

der Gast

комната

das Zimmer

спальный мешок

der Schlafsack

палатка

das Zelt

туристическая информация
die Touristeninformation

пляж
der Strand

кредитная карточка
die Kreditkarte

завтрак
das Frühstück

обед
das Mittagessen

ужин
das Abendessen

билет
die Fahrkarte

лифт
der Fahrstuhl

почтовая марка
die Briefmarke

граница
die Grenze

таможня
der Zoll

посольство
die Botschaft

виза
das Visum

паспорт
der Pass

транспорт
der Transport

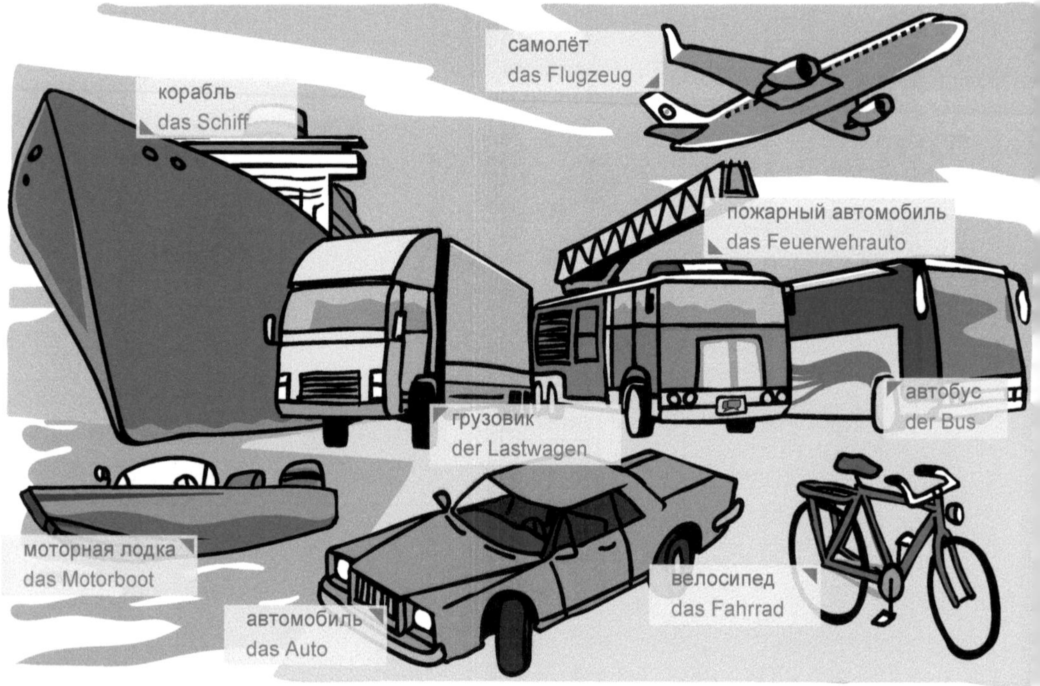

самолёт
das Flugzeug

корабль
das Schiff

пожарный автомобиль
das Feuerwehrauto

автобус
der Bus

грузовик
der Lastwagen

моторная лодка
das Motorboot

велосипед
das Fahrrad

автомобиль
das Auto

паром

die Fähre

лодка

das Boot

мотоцикл

das Motorrad

полицейский автомобиль

das Polizeiauto

гоночный автомобиль

das Rennauto

арендованный
автомобиль
der Mietwagen

совместное пользование
автомобилями

das Carsharing

буксировочный
автомобиль
der Abschleppwagen

мусоровоз

das Müllauto

двигатель

der Motor

топливо

der Kraftstoff

заправка

die Tankstelle

дорожный знак

das Verkehrsschild

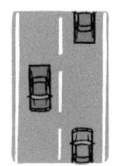

движение

der Verkehr

пробка

der Stau

автостоянка

der Parkplatz

вокзал

der Bahnhof

рельсы

die Schienen

поезд

der Zug

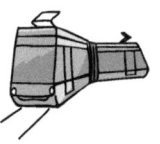

трамвай

die Straßenbahn

вагон

der Wagon

вертолёт

der Helikopter

аэропорт

der Flughafen

вышка

der Tower

пассажир

der Passagier

контейнер

der Container

коробка

der Karton

тележка

der Karren

корзина

der Korb

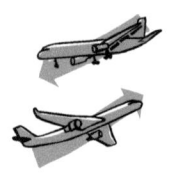

взлетать / приземляться

starten / landen

город

die Stadt

деревня

das Dorf

центр города

das Stadtzentrum

дом

das Haus

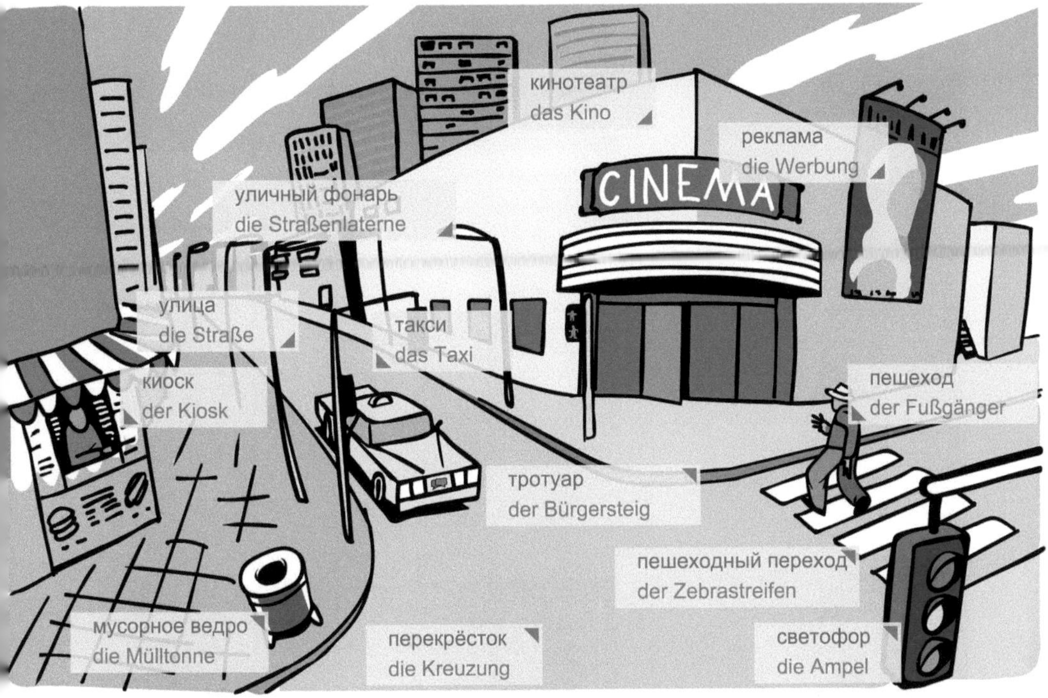

кинотеатр
das Kino

реклама
die Werbung

уличный фонарь
die Straßenlaterne

CINEMA

улица
die Straße

такси
das Taxi

киоск
der Kiosk

пешеход
der Fußgänger

тротуар
der Bürgersteig

пешеходный переход
der Zebrastreifen

мусорное ведро
die Mülltonne

перекрёсток
die Kreuzung

светофор
die Ampel

хижина

die Hütte

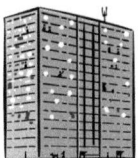

квартира

die Wohnung

вокзал

der Bahnhof

ратуша

das Rathaus

музей

das Museum

школа

die Schule

университет

die Universität

банк

die Bank

больница

das Krankenhaus

гостиница

das Hotel

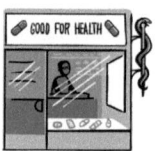

аптека

die Apotheke

офис

das Büro

книжный магазин

die Buchhandlung

магазин

das Geschäft

цветочный магазин

der Blumenladen

супермаркет

der Supermarkt

рынок

der Markt

универмаг

das Kaufhaus

торговец рыбой

der Fischhändler

торговый центр

das Einkaufszentrum

порт

der Hafen

парк

der Park

скамейка

die Bank

мост

die Brücke

лестница

die Treppe

метро

die U-Bahn

тоннель

der Tunnel

автобусная остановка

die Bushaltestelle

бар

die Bar

ресторан

das Restaurant

почтовый ящик

der Briefkasten

табличка с названием улицы

das Straßenschild

паркометр

die Parkuhr

зоопарк

der Zoo

бассейн

die Badeanstalt

мечеть

die Moschee

ферма

der Bauernhof

загрязнение окружающей среды

die Umweltverschmutzung

кладбище

der Friedhof

церковь

die Kirche

детская площадка

der Spielplatz

храм

der Tempel

ландшафт
die Landschaft

лист
das Blatt

дорожный указатель
der Wegweiser

дорога
der Weg

луг
die Wiese

камень
der Stein

дерево
der Baum

путешественник
der Wanderer

река
der Fluss

трава
das Gras

цветок
die Blume

долина

das Tal

гора

der Berg

озеро

der See

лес

der Wald

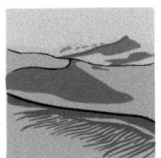

пустыня

die Wüste

вулкан

der Vulkan

замок

das Schloss

радуга

der Regenbogen

гриб

der Pilz

пальма

die Palme

комар

der Moskito

муха

die Fliege

муравей

die Ameise

пчела

die Biene

паук

die Spinne

жук

der Käfer

лягушка

der Frosch

белка

das Eichhörnchen

еж

der Igel

заяц

der Hase

сова

die Eule

птица

die Vogel

лебедь

der Schwan

кабан

das Wildschwein

олень

der Hirsch

лось

der Elch

плотина

der Staudamm

ветряной генератор

das Windrad

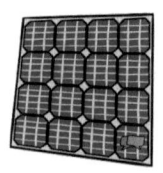

солнечная батарея

das Solarmodul

климат

das Klima

ресторан
das Restaurant

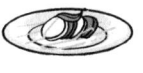

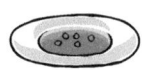

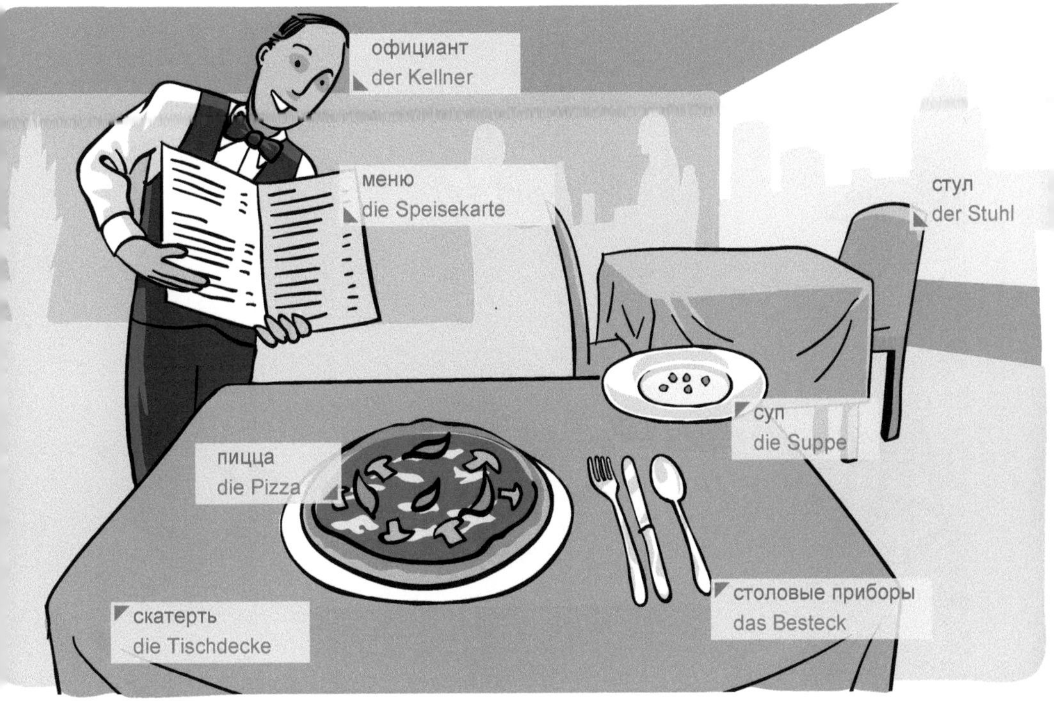
официант
der Kellner
меню
die Speisekarte
стул
der Stuhl
суп
die Suppe
пицца
die Pizza
столовые приборы
das Besteck
скатерть
die Tischdecke

закуска

die Vorspeise

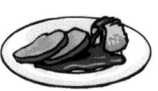

главное блюдо

das Hauptgericht

десерт

die Nachspeise

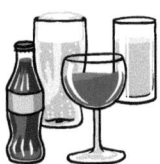

напитки

die Getränke

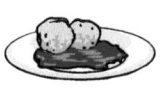

еда

das Essen

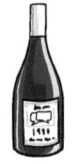

бутылка

die Flasche

фастфуд

das Fastfood

уличная еда

das Streetfood

чайник

die Teekanne

сахарница

die Zuckerdose

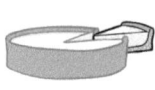

порция

die Portion

кофеварка

die Espressomaschine

детский стульчик

der Hochstuhl

счет

die Rechnung

поднос

das Tablett

нож

das Messer

вилка

die Gabel

ложка

der Löffel

чайная ложка

der Teelöffel

салфетка

die Serviette

стакан

das Glas

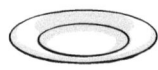

тарелка

der Teller

суповая тарелка

der Suppenteller

блюдце

die Untertasse

соус

die Sauce

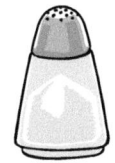

солонка

der Salzstreuer

мельница для перца

die Pfeffermühle

уксус

der Essig

масло

das Öl

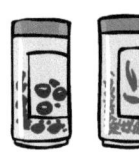

специи

die Gewürze

кетчуп

das Ketchup

горчица

der Senf

майонез

die Mayonnaise

супермаркет

der Supermarkt

специальное предложение
das Angebot
FOR
покупатель
der Kunde
молочные продукты
die Milchprodukte
фрукты
das Obst
тележка для покупок
der Einkaufswagen

BUTCHERS

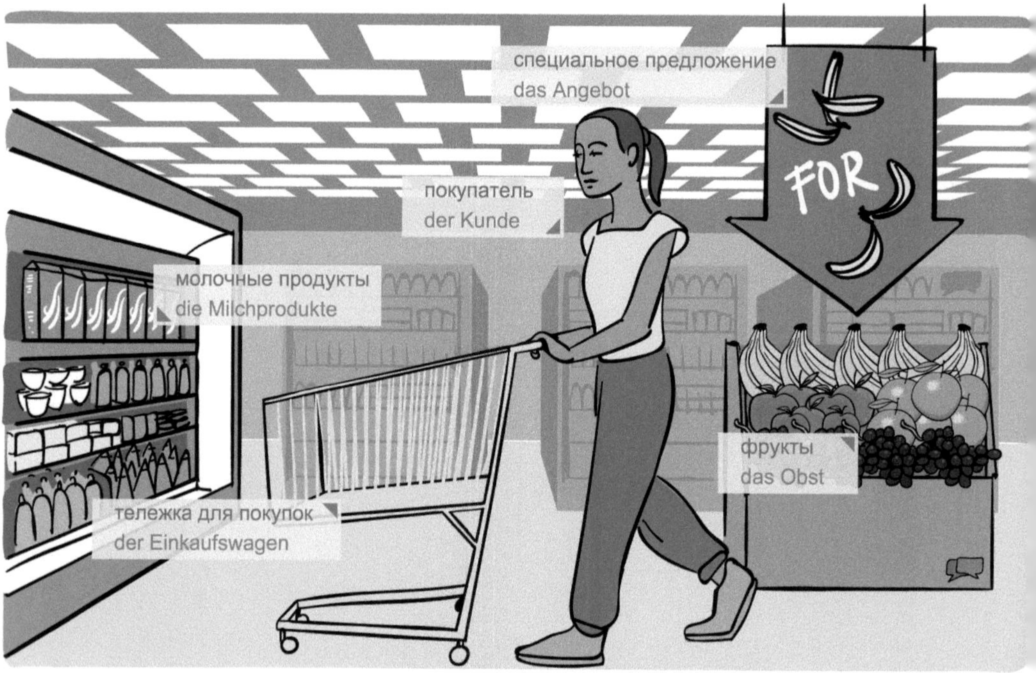

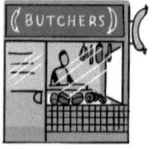

мясной магазин

die Schlachterei

BAKERY

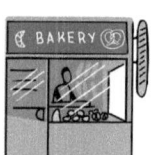

пекарня

die Bäckerei

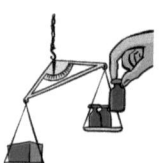

взвешивать

wiegen

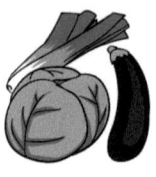

овощи

das Gemüse

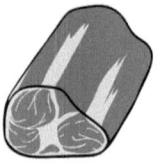

мясо

das Fleisch

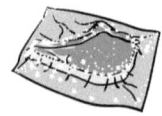

быстрозамороженные продукты

die Tiefkühlkost

нарезка

der Aufschnitt

консервы

die Konserven

стиральный порошок

das Waschmittel

сладости

die Süßigkeiten

предмет домашнего обихода

die Haushaltsartikel

моющее средство

das Reinigungsmittel

продавщица

die Verkäuferin

касса

die Kasse

кассир

der Kassierer

список покупок

die Einkaufsliste

время работы

die Öffnungszeiten

бумажник

die Brieftasche

кредитная карточка

die Kreditkarte

сумка

die Tasche

полиэтиленовый пакет

die Plastiktüte

вода

das Wasser

сок

der Saft

молоко

die Milch

кока-кола

die Cola

вино

der Wein

пиво

das Bier

алкоголь

der Alkohol

какао

der Kakao

чай

der Tee

кофе

der Kaffee

эспрессо

der Espresso

капучино

der Cappuccino

банан

die Banane

яблоко

der Apfel

апельсин

die Orange

арбуз

die Melone

лимон

die Zitrone

морковь

die Karotte

чеснок

der Knoblauch

бамбук

der Bambus

лук

die Zwiebel

гриб

der Pilz

орехи

die Nüsse

лапша

die Nudeln

спагетти

die Spaghetti

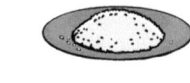

рис

der Reis

салат

der Salat

картофель фри

die Pommes frites

жареный картофель

die Bratkartoffeln

пицца

die Pizza

гамбургер

der Hamburger

сэндвич

das Sandwich

шницель

das Schnitzel

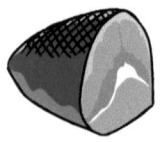

ветчина

der Schinken

салями

die Salami

колбаса

die Wurst

курица

das Huhn

жаркое

der Braten

рыба

der Fisch

овсяные хлопья

die Haferflocken

мюсли

das Müsli

кукурузные хлопья

die Cornflakes

мука

das Mehl

круассан

das Croissant

булочка

das Brötchen

хлеб

das Brot

тост

der Toast

печенье

die Kekse

масло

die Butter

творог

der Quark

пирог

der Kuchen

яйцо

das Ei

яичница

das Spiegelei

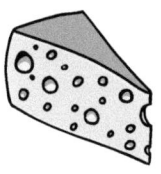

сыр

der Käse

мороженое

die Eiscreme

сахар

der Zucker

мёд

der Honig

мармелад

die Marmelade

крем с нугой

die Nougat-Creme

карри

das Curry

ферма

der Bauernhof

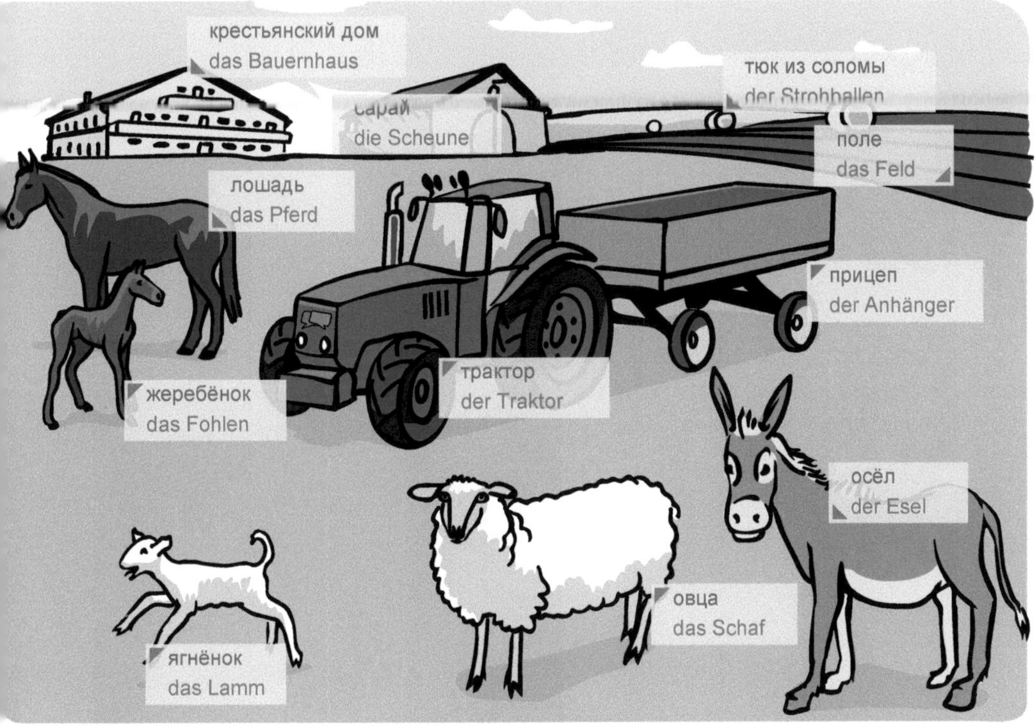
крестьянский дом
das Bauernhaus
тюк из соломы
der Strohballen
сарай
die Scheune
поле
das Feld
лошадь
das Pferd
прицеп
der Anhänger
трактор
der Traktor
жеребёнок
das Fohlen
осёл
der Esel
овца
das Schaf
ягнёнок
das Lamm

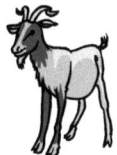

коза

die Ziege

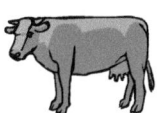

корова

die Kuh

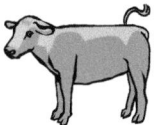

телёнок

das Kalb

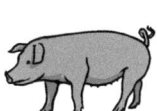

свинья

das Schwein

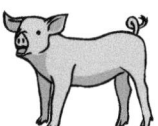

поросёнок

das Ferkel

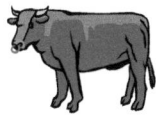

бык

der Bulle

гусь

die Gans

утка

die Ente

цыплёнок

das Küken

курица

das Huhn

петух

der Hahn

крыса

die Ratte

кошка

die Katze

мышь

die Maus

вол

der Ochse

собака

der Hund

конура

die Hundehütte

садовый шланг

der Gartenschlauch

лейка

die Gießkanne

коса

die Sense

плуг

der Pflug

ферма - der Bauernhof

серп

die Sichel

мотыга

die Hacke

навозные вилы

die Mistgabel

топор

die Axt

тачка

die Schubkarre

корыто

der Trog

бидон для молока

die Milchkanne

мешок

der Sack

забор

der Zaun

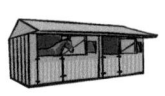

хлев

der Stall

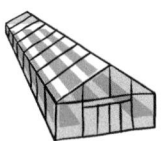

теплица

das Treibhaus

почва

der Boden

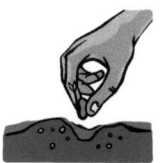

посев

die Saat

удобрение

der Dünger

комбайн

der Mähdrescher

ферма - der Bauernhof

собирать урожай

ernten

урожай

die Ernte

ямс

die Yamswurzel

пшеница

der Weizen

соя

das Soja

картофель

die Kartoffel

кукуруза

der Mais

рапс

der Raps

фруктовое дерево

der Obstbaum

маниок

der Maniok

злаки

das Getreide

дом
das Haus

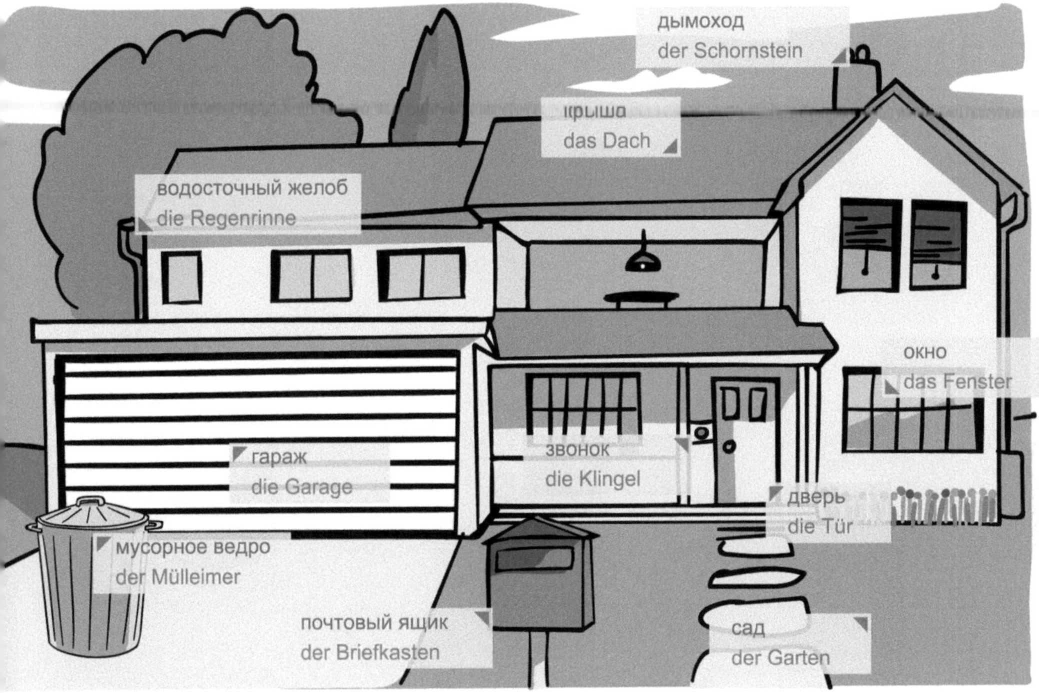
дымоход
der Schornstein
крыша
das Dach
водосточный желоб
die Regenrinne
окно
das Fenster
звонок
die Klingel
гараж
die Garage
дверь
die Tür
мусорное ведро
der Mülleimer
почтовый ящик
der Briefkasten
сад
der Garten

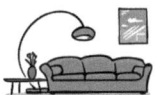

гостиная

das Wohnzimmer

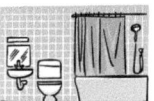

ванная комната

das Badezimmer

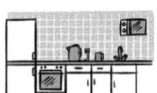

кухня

die Küche

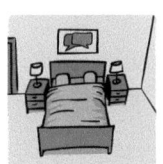

спальня

das Schlafzimmer

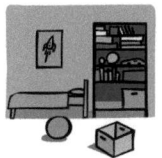

детская комната

das Kinderzimmer

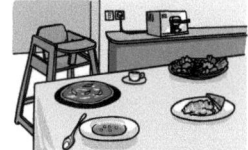

столовая

das Esszimmer

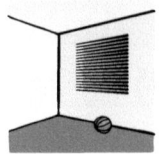

пол

der Boden

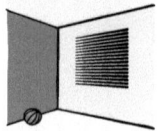

стена

die Wand

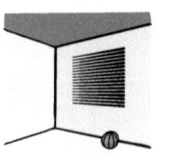

потолок

die Decke

подвал

der Keller

сауна

die Sauna

балкон

der Balkon

терраса

die Terrasse

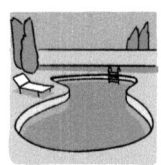

бассейн

das Schwimmbad

газонокосилка

der Rasenmäher

пододеяльник

der Bettbezug

покрывало

die Bettdecke

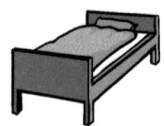

кровать

das Bett

метла

der Besen

ведро

der Eimer

выключатель

der Schalter

гостиная

das Wohnzimmer

обои
die Tapete
рисунок
das Bild
лампа
die Lampe
полка
das Regal
шкаф
der Schrank
телевизор
der Fernseher
камин
der Kamin
цветок
die Blume
подушка
das Kissen
диван
das Sofa
ваза
die Vase
пульт дистанционного управления
die Fernbedienung

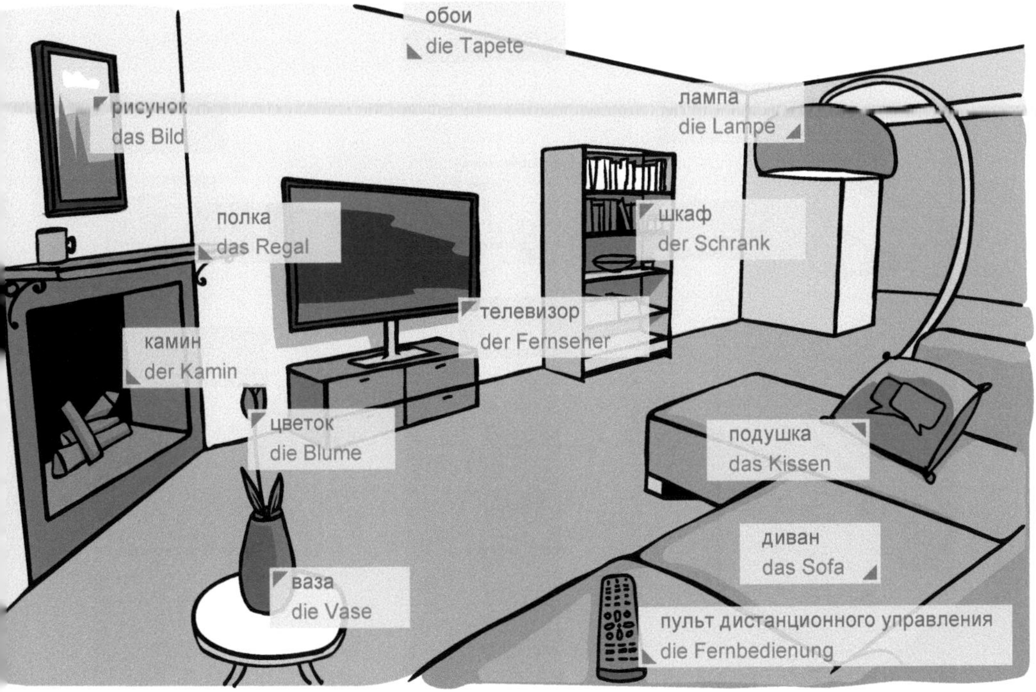

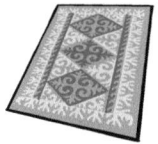

ковёр

der Teppich

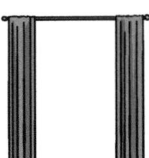

штора

der Vorhang

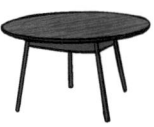

стол

der Tisch

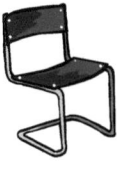

стул

der Stuhl

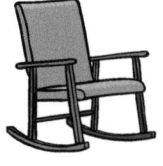

кресло-качалка

der Schaukelstuhl

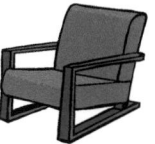

кресло

der Sessel

книга

das Buch

покрывало

die Decke

украшение

die Dekoration

дрова

das Feuerholz

фильм

der Film

стереосистема

die Stereoanlage

ключ

der Schlüssel

газета

die Zeitung

картина

das Gemälde

плакат

das Poster

радио

das Radio

блокнот

der Notizblock

пылесос

der Staubsauger

кактус

der Kaktus

свеча

die Kerze

кухня
die Küche

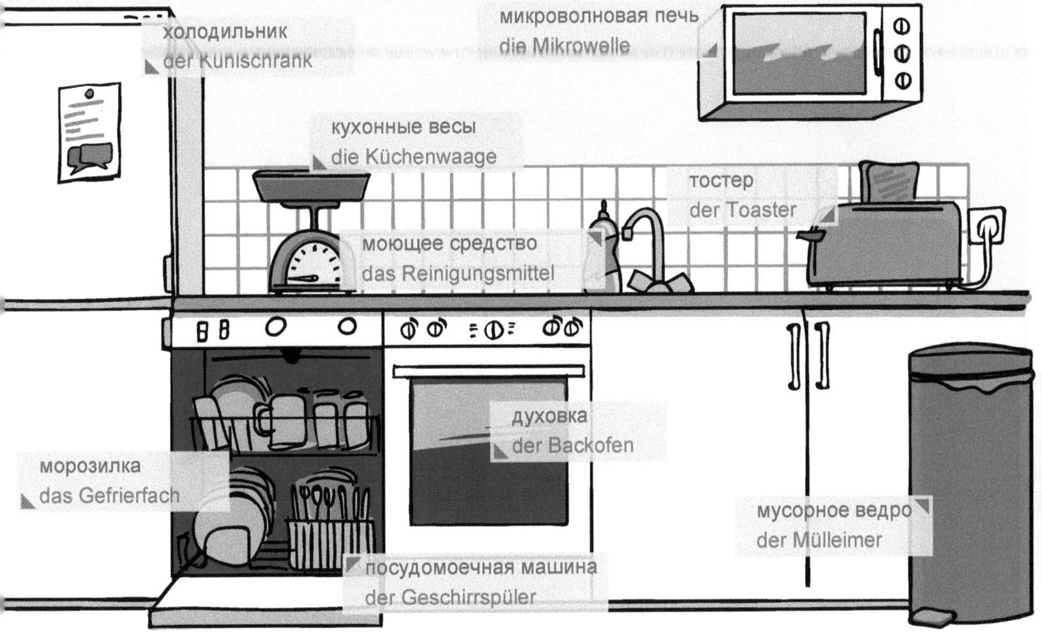

холодильник
der Kühlschrank
микроволновая печь
die Mikrowelle
кухонные весы
die Küchenwaage
тостер
der Toaster
моющее средство
das Reinigungsmittel
духовка
der Backofen
морозилка
das Gefrierfach
мусорное ведро
der Mülleimer
посудомоечная машина
der Geschirrspüler

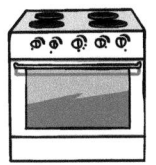

плита

der Herd

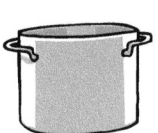

кастрюля

der Topf

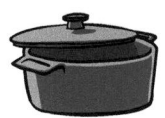

чугунный котелок

der Eisentopf

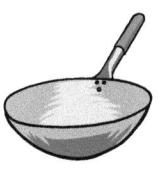

вок / кадай

der Wok / Kadai

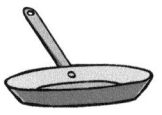

сковорода

die Pfanne

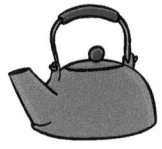

чайник

der Wasserkocher

пароварка

der Dampfgarer

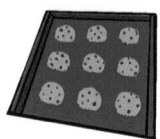

противень

das Backblech

посуда

das Geschirr

кружка

der Becher

миска

die Schale

палочки для еды

die Essstäbchen

половник

die Suppenkelle

лопатка

der Pfannenwender

сбивалка

der Schneebesen

сито

das Kochsieb

сито

das Sieb

тёрка

die Reibe

ступка

der Mörser

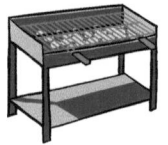

гриль

der Grill

костёр

die Feuerstelle

доска

das Schneidebrett

скалка

das Nudelholz

штопор

der Korkenzieher

жестяная банка

die Dose

консервный нож

der Dosenöffner

прихватка

der Topflappen

раковина

das Waschbecken

щетка

die Bürste

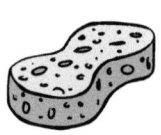

губка

der Schwamm

миксер

der Mixer

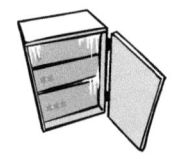

морозильная камера

die Gefriertruhe

бутылочка для кормления

die Babyflasche

кран

der Wasserhahn

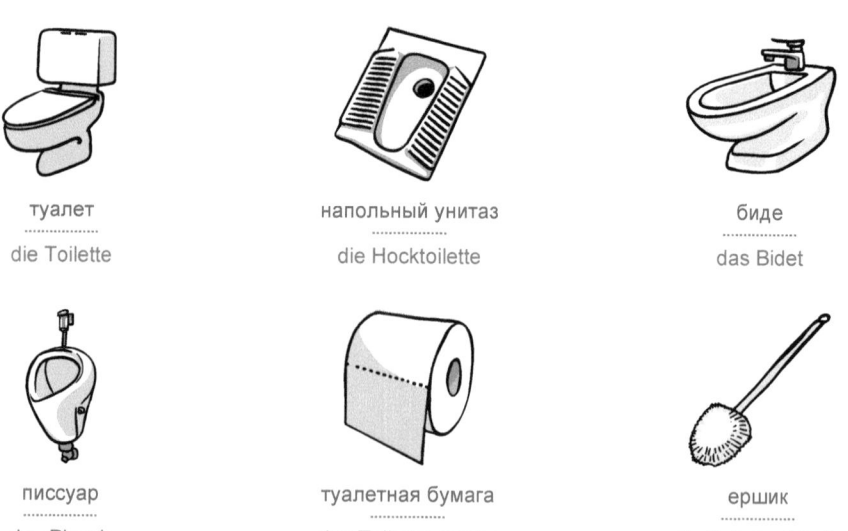

ванная комната

das Badezimmer

отопление
die Heizung
полотенце
das Handtuch
душ
die Dusche
душевая занавеска
der Duschvorhang
пенистая ванна
das Schaumbad
ванна
die Badewanne
стакан
das Glas
стиральная машина
die Waschmaschine
кран
der Wasserhahn
плитка
die Fliesen
горшок
das Töpfchen
раковина
das Waschbecken

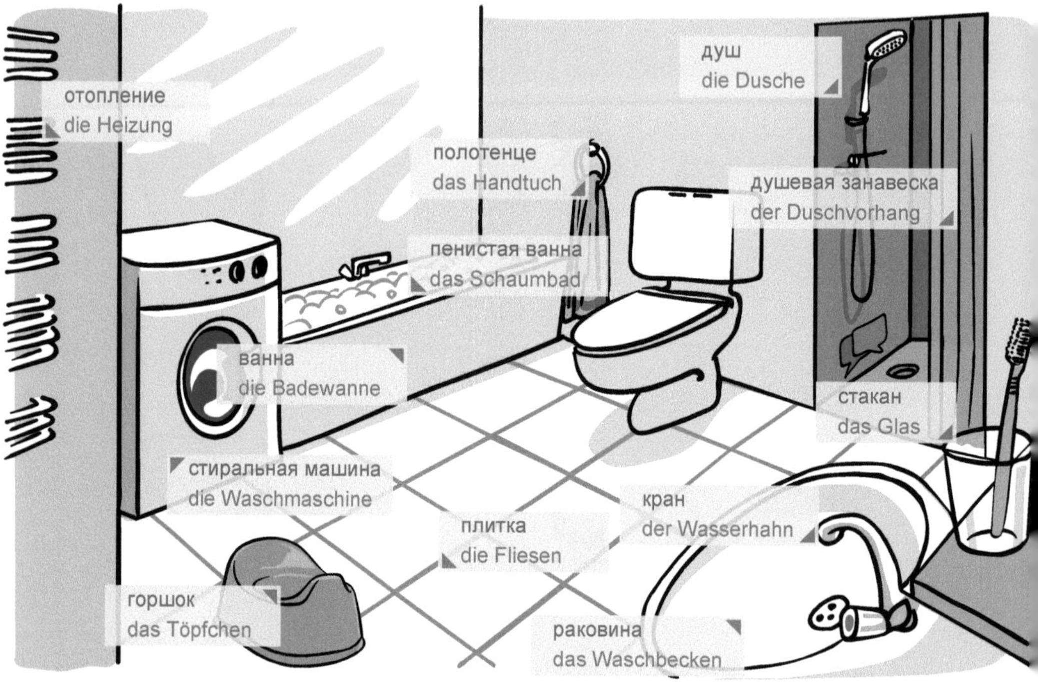

туалет

die Toilette

напольный унитаз

die Hocktoilette

биде

das Bidet

писсуар

das Pissoir

туалетная бумага

das Toilettenpapier

ершик

die Toilettenbürste

зубная щетка

die Zahnbürste

зубная паста

die Zahnpasta

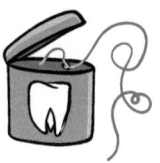

зубная нить

die Zahnseide

мыть

waschen

ручной душ

die Handbrause

интимный душ

die Intimdusche

таз

die Waschschüssel

щетка для спины

die Rückenbürste

мыло

die Seife

гель для душа

das Duschgel

шампунь

das Shampoo

мочалка

der Waschlappen

сток

der Abfluss

крем

die Creme

дезодорант

das Deodorant

зеркало

der Spiegel

ручное зеркало

der Kosmetikspiegel

бритва

der Rasierer

пена для бритья

der Rasierschaum

лосьон после бритья

das Rasierwasser

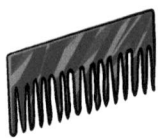

расческа

der Kamm

щетка

die Bürste

фен

der Föhn

лак для волос

das Haarspray

косметика

das Makeup

губная помада

der Lippenstift

лак для ногтей

der Nagellack

вата

die Watte

маникюрные ножницы

die Nagelschere

духи

das Parfum

косметичка

der Kulturbeutel

табуретка

der Hocker

весы

die Waage

халат

der Bademantel

резиновые перчатки

die Gummihandschuhe

тампон

das Tampon

гигиеническая прокладка

die Damenbinde

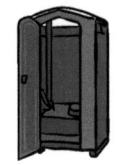

биотуалет

die Chemietoilette

детская комната
das Kinderzimmer

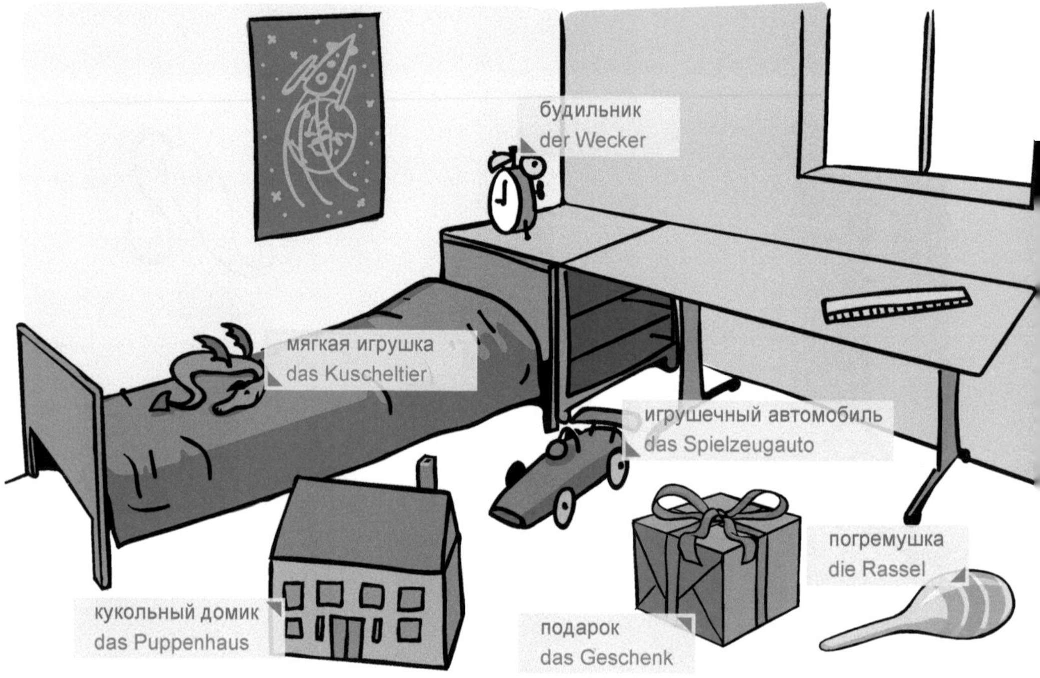

будильник
der Wecker

мягкая игрушка
das Kuscheltier

игрушечный автомобиль
das Spielzeugauto

погремушка
die Rassel

кукольный домик
das Puppenhaus

подарок
das Geschenk

воздушный шар

der Ballon

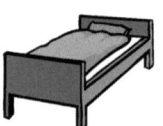

кровать

das Bett

детская коляска

der Kinderwagen

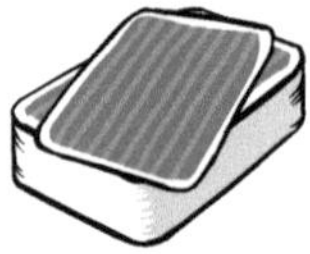

карточная игра

das Kartenspiel

пазл

das Puzzle

комикс

der Comic

кирпичики Лего

die Legosteine

кубики

die Bausteine

игрушечная фигурка

die Action Figur

ползунки

der Strampelanzug

фрисби

das Frisbee

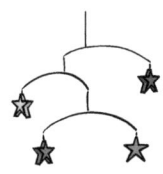

мобиле

das Mobile

настольная игра

das Brettspiel

кубик

der Würfel

модель железной дороги

die Modelleisenbahn

соска

der Schnuller

вечеринка

die Party

книга с картинками

das Bilderbuch

мяч

der Ball

кукла

die Puppe

играть

spielen

песочница

der Sandkasten

качели

die Schaukel

игрушка

das Spielzeug

игровая приставка

die Spielkonsole

трёхколесный велосипед

das Dreirad

плюшевый медвежонок

der Teddy

шкаф для одежды

der Kleiderschrank

одежда

die Kleidung

носки

die Socken

чулки

die Strümpfe

колготки

die Strumpfhose

шарф
der Schal

ремень
der Gürtel

зонтик
der Regenschirm

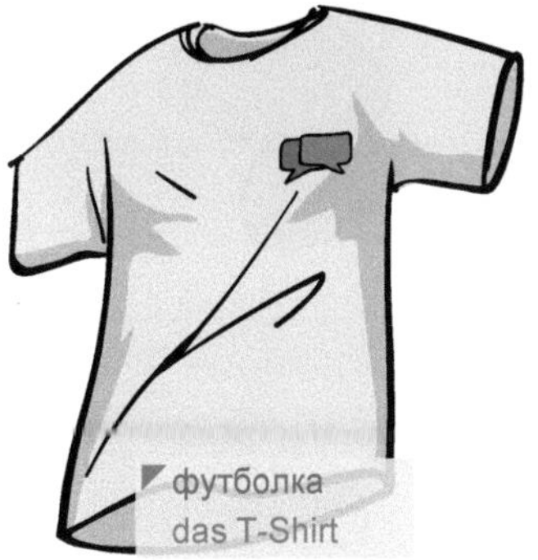

футболка
das T-Shirt

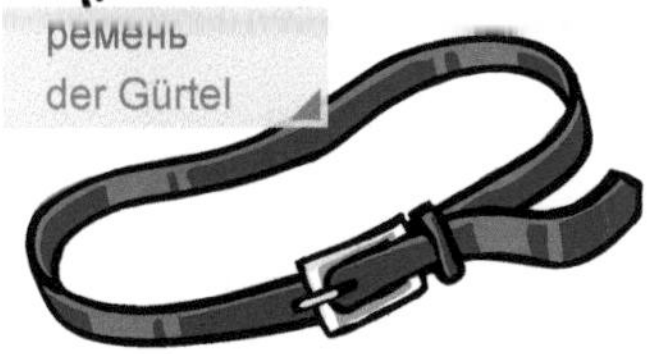

кроссовки
die Turnschuhe

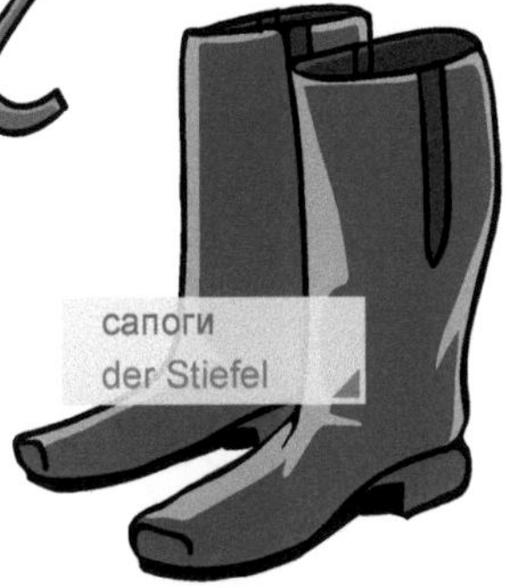

сапоги
der Stiefel

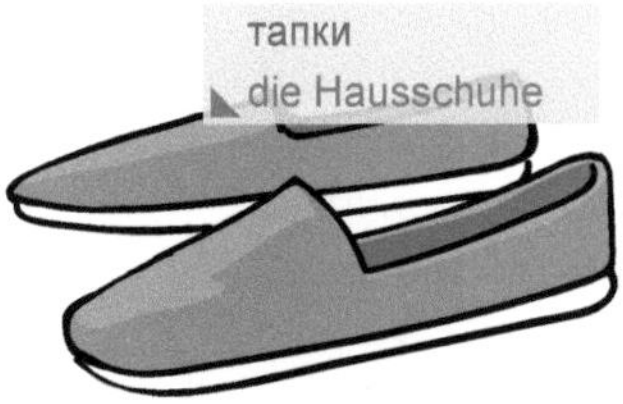

тапки
die Hausschuhe

сандалии
....
die Sandalen

ботинки
....
die Schuhe

резиновые сапоги
....
die Gummistiefel

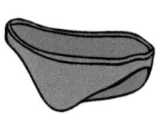

трусы
....
die Unterhose

бюстгальтер
....
der Büstenhalter

майка
....
das Unterhemd

боди

der Body

брюки

die Hose

джинсы

die Jeans

юбка

der Rock

блузка

die Bluse

рубашка

das Hemd

свитер

der Pullover

свитер

der Kapuzenpullover

спортивная куртка

der Blazer

жакет

die Jacke

пальто

der Mantel

плащ

der Regenmantel

костюм

das Kostüm

платье

das Kleid

свадебное платье

das Hochzeitskleid

мужской костюм

der Anzug

ночная сорочка

das Nachthemd

пижама

der Schlafanzug

сари

der Sari

платок

das Kopftuch

тюрбан

der Turban

паранджа

die Burka

кафтан

der Kaftan

абайя

die Abaya

купальник

der Badeanzug

плавки

die Badehose

шорты

die kurze Hose

спортивный костюм

der Trainingsanzug

фартук

die Schürze

перчатки

die Handschuhe

пуговица

der Knopf

очки

die Brille

браслет

das Armband

цепочка

die Halskette

кольцо

der Ring

серьга

der Ohrring

шапка

die Mütze

вешалка

der Kleiderbügel

шляпа

der Hut

галстук

die Krawatte

застежка молния

der Reißverschluss

шлем

der Helm

подтяжки

der Hosenträger

школьная форма

die Schuluniform

форма

die Uniform

детский нагрудник
....
das Lätzchen

соска
....
der Schnuller

подгузник
....
die Windel

офис

das Büro

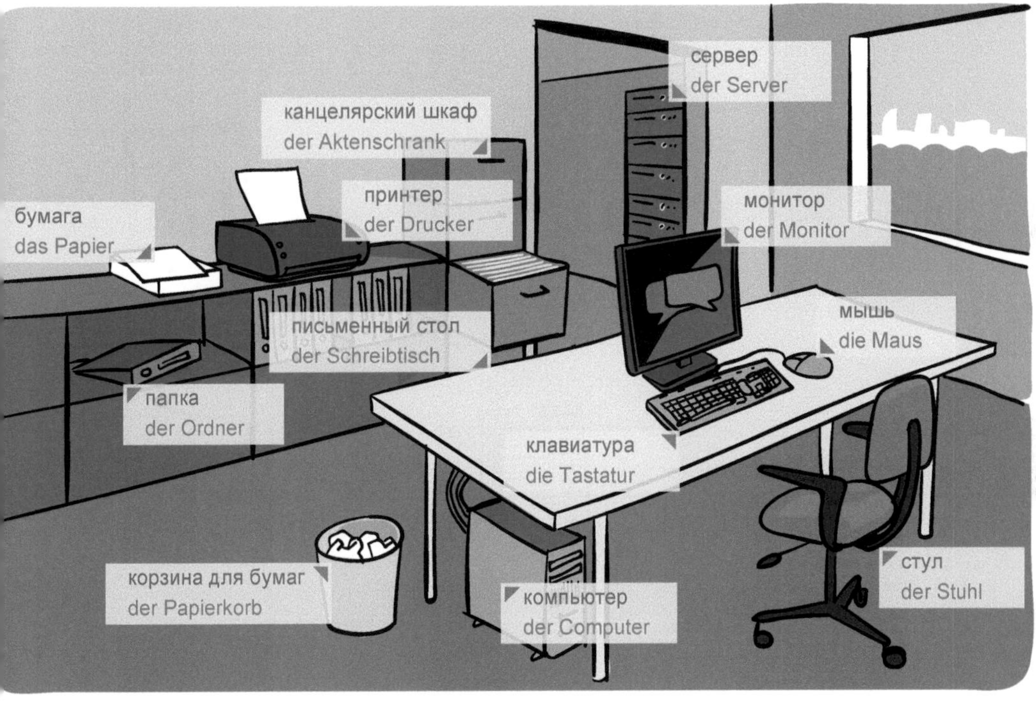

сервер
der Server

канцелярский шкаф
der Aktenschrank

принтер
der Drucker

монитор
der Monitor

бумага
das Papier

мышь
die Maus

письменный стол
der Schreibtisch

папка
der Ordner

клавиатура
die Tastatur

корзина для бумаг
der Papierkorb

стул
der Stuhl

компьютер
der Computer

кофейная кружка
....
der Kaffeebecher

калькулятор
....
der Taschenrechner

интернет
....
das Internet

ноутбук

der Laptop

письмо

der Brief

сообщение

die Nachricht

мобильный телефон

das Handy

сеть

das Netzwerk

ксерокс

der Kopierer

программа

die Software

телефон

das Telefon

розетка

die Steckdose

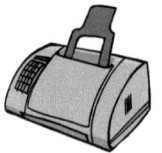

факс

das Fax

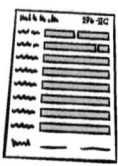

формуляр

das Formular

документ

das Dokument

покупать

kaufen

платить

bezahlen

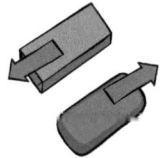

торговать

handeln

деньги

das Geld

доллар

der Dollar

евро

der Euro

иена

der Yen

рубль

der Rubel

франк

der Franken

жэньминьби юань

der Renminbi Yuan

рупия

die Rupie

банкомат

der Geldautomat

пункт обмена валюты

die Wechselstube

золото

das Gold

серебро

das Silber

нефть

das Öl

энергия

die Energie

цена

der Preis

договор

der Vertrag

налог

die Steuer

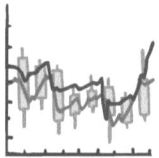

акция

die Aktie

работать

arbeiten

служащий

der Angestellte

работодатель

der Arbeitgeber

фабрика

die Fabrik

магазин

das Geschäft

профессии
die Berufe

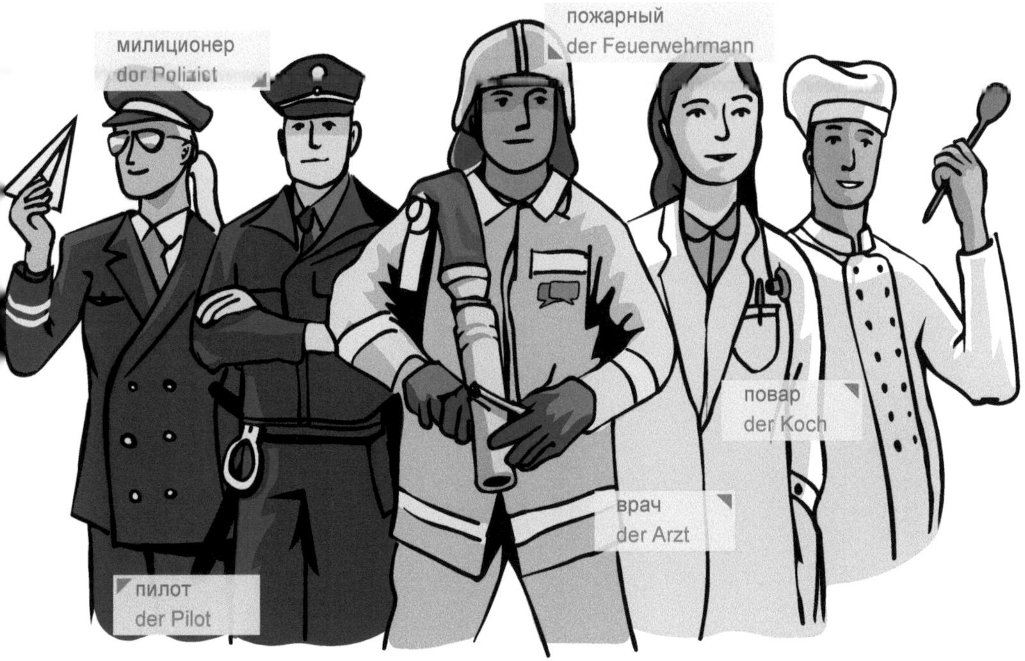

милиционер
der Polizist
пожарный
der Feuerwehrmann
повар
der Koch
врач
der Arzt
пилот
der Pilot

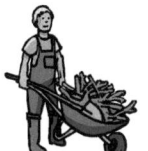

садовник

der Gärtner

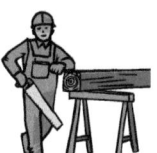

столяр

der Tischler

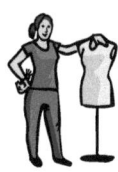

швея

die Näherin

судья

der Richter

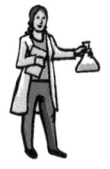

химик

der Chemiker

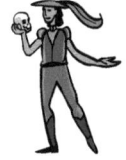

актёр

der Schauspieler

водитель автобуса

der Busfahrer

таксист

der Taxifahrer

рыбак

der Fischer

уборщица

die Putzfrau

кровельщик

der Dachdecker

официант

der Kellner

охотник

der Jäger

художник

der Maler

пекарь

der Bäcker

электрик

der Elektriker

строитель

der Bauarbeiter

инженер

der Ingenieur

мясник

der Schlachter

сантехник

der Klempner

почтальон

der Postbote

солдат

der Soldat

архитектор

der Architekt

кассир

der Kassierer

флорист

der Florist

парикмахер

der Friseur

кондуктор

der Schaffner

механик

der Mechaniker

капитан

der Kapitän

зубной врач

der Zahnarzt

ученый

der Wissenschaftler

раввин

der Rabbi

имам

der Imam

монах

der Mönch

священник

der Geistliche

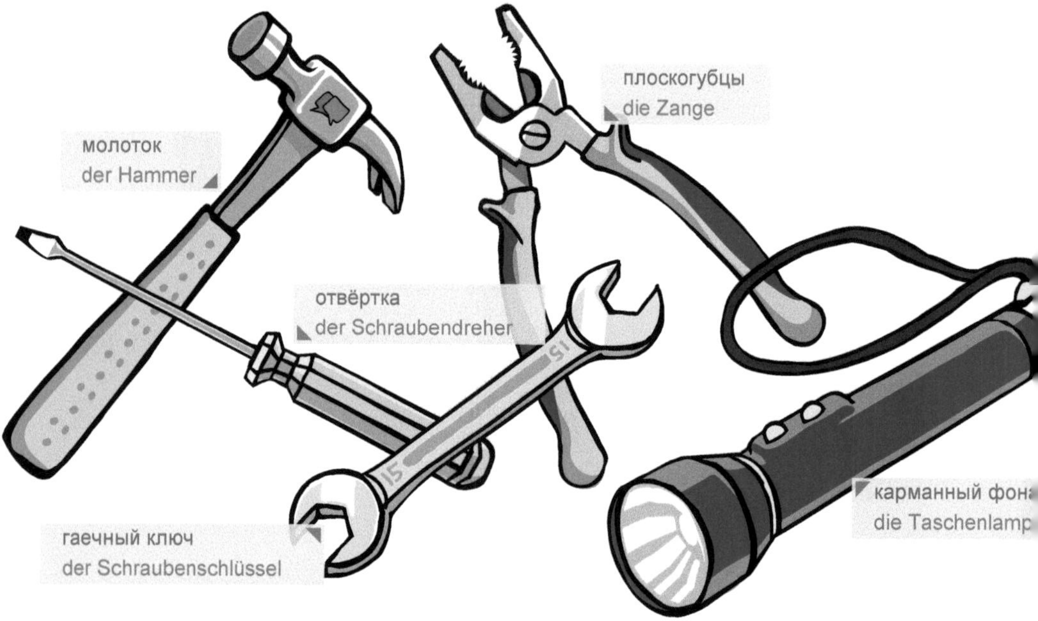

плоскогубцы
die Zange

молоток
der Hammer

отвёртка
der Schraubendreher

карманный фона
die Taschenlamp

гаечный ключ
der Schraubenschlüssel

экскаватор

der Bagger

ящик для инструментов

der Werkzeugkasten

стремянка

die Leiter

пила

die Säge

гвозди

die Nägel

дрель

der Bohrer

ремонтировать

reparieren

лопата

die Schaufel

Блин!

Mist!

совок

das Kehrblech

ведро с краской

der Farbtopf

винты

die Schrauben

музыкальные инструменты
die Musikinstrumente

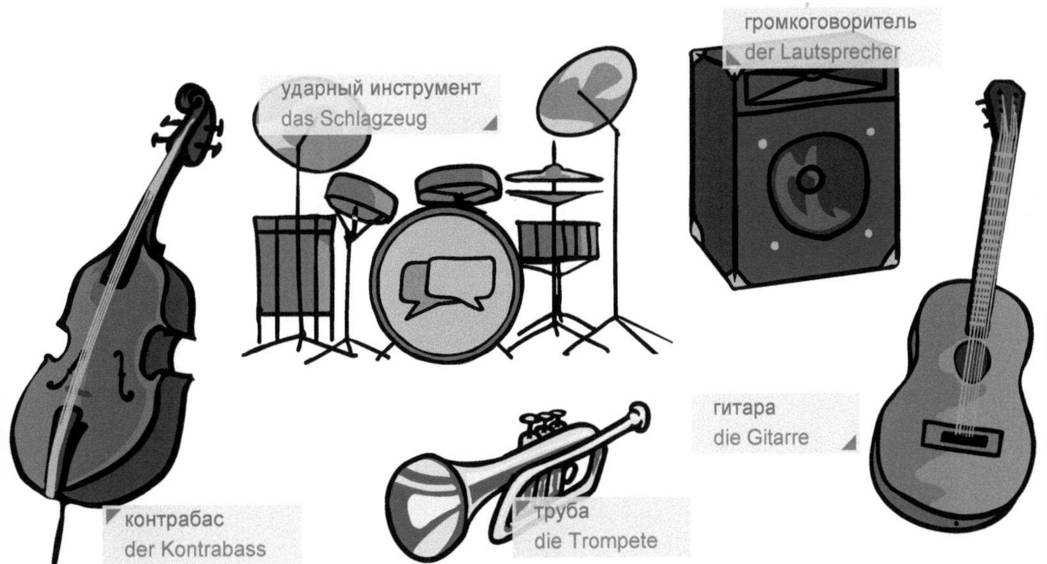

громкоговоритель
der Lautsprecher

ударный инструмент
das Schlagzeug

гитара
die Gitarre

контрабас
der Kontrabass

труба
die Trompete

пианино

das Klavier

скрипка

die Violine

бас-гитара

der Bass

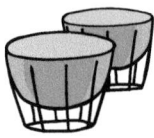

литавры

die Pauke

барабан

die Trommeln

синтезатор

das Keyboard

саксофон

das Saxophon

флейта

die Flöte

микрофон

das Mikrofon

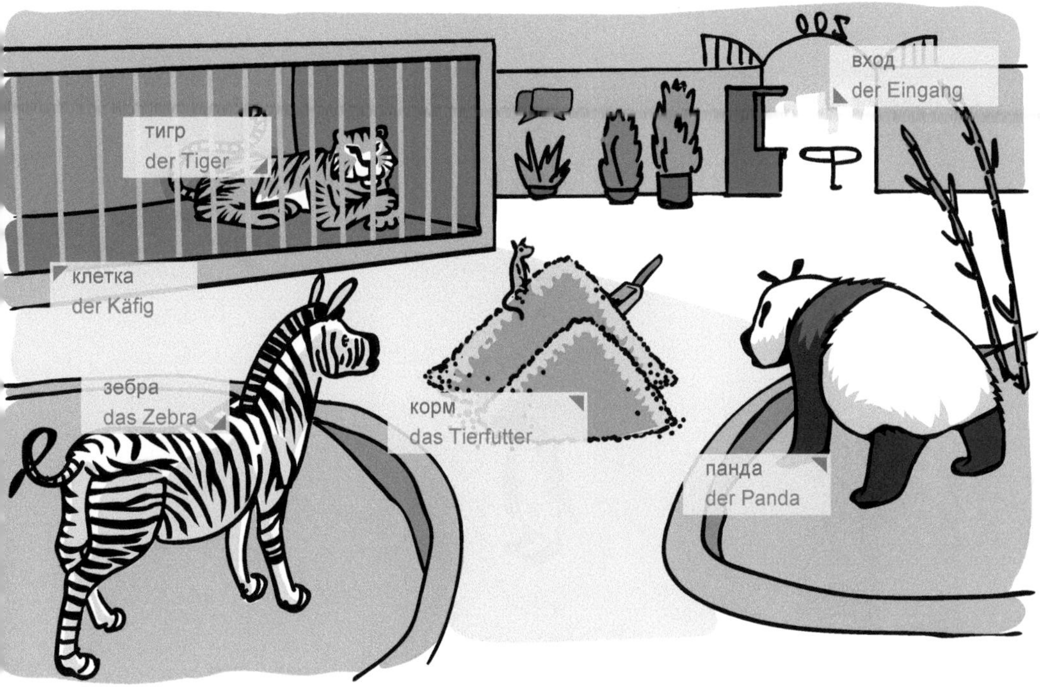

тигр
der Tiger

вход
der Eingang

клетка
der Käfig

зебра
das Zebra

корм
das Tierfutter

панда
der Panda

животные
die Tiere

слон
der Elefant

кенгуру
das Känguruh

носорог
das Nashorn

горилла
der Gorilla

медведь
der Bär

верблюд

das Kamel

страус

der Strauß

лев

der Löwe

обезьяна

der Affe

фламинго

der Flamingo

попугай

der Papagei

белый медведь

der Eisbär

пингвин

der Pinguin

акула

der Hai

павлин

der Pfau

змея

die Schlange

крокодил

das Krokodil

служитель зоопарка

der Zoowärter

тюлень

die Robbe

ягуар

der Jaguar

пони

das Pony

леопард

der Leopard

бегемот

das Nilpferd

жираф

die Giraffe

орёл

der Adler

кабан

das Wildschwein

рыба

der Fisch

черепаха

die Schildkröte

морж

das Walross

лиса

der Fuchs

газель

die Gazelle

спорт
der Sport

американский футбол
das American Football

езда на велосипеде
das Radfahren

теннис
das Tennis

баскетбол
der Basketball

плавание
das Schwimmen

бокс
das Boxen

хоккей
das Eishockey

футбол
der Fußball

бадминтон
das Badminton

лёгкая атлетика
die Leichtathletik

гандбол
der Handball

лыжный спорт
das Skilaufen

поло
das Polo

действия
die Aktivitäten

смеяться
lachen
прыгать
springen
обнимать
umarmen
идти
gehen
петь
singen
мечтать
träumen
молиться
beten
целовать
küssen

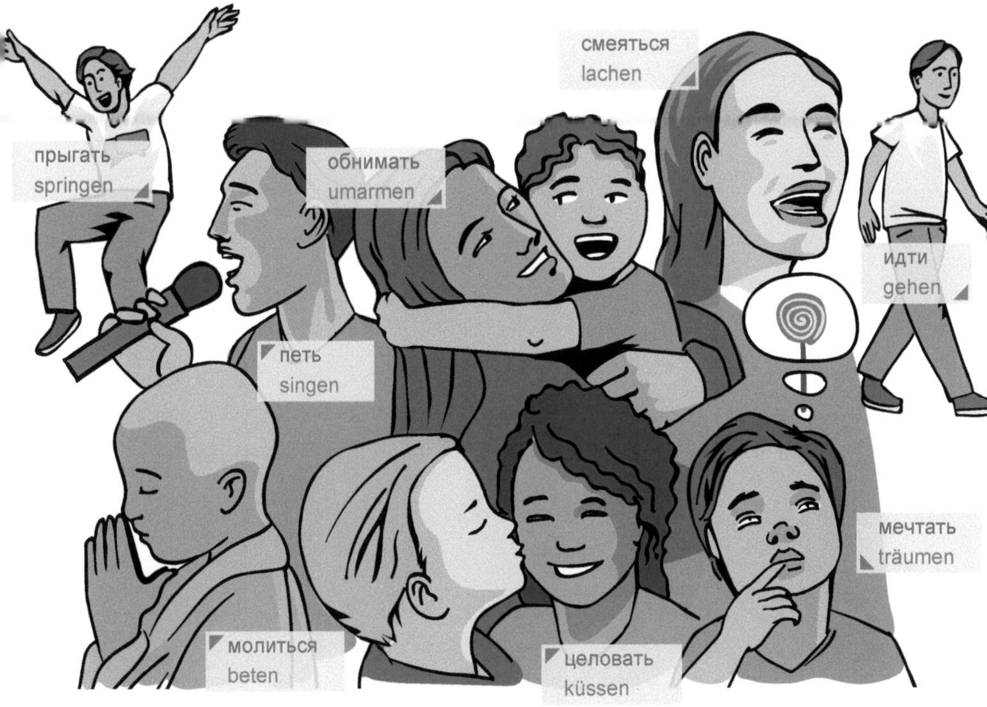

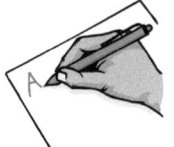

писать
schreiben

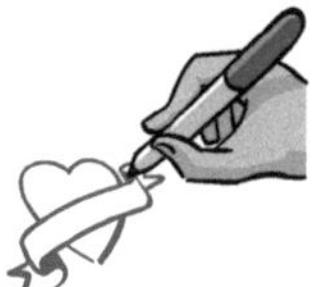

рисовать
zeichnen

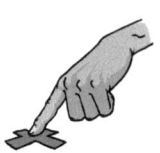

показывать
zeigen

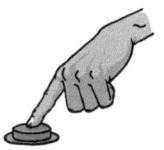

нажимать
drücken

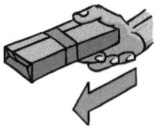

давать
geben

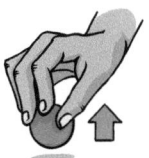

брать
nehmen

иметь
haben

делать
tun

быть
sein

стоять
stehen

бежать
laufen

тянуть
ziehen

бросать
werfen

падать
fallen

лежать
liegen

ждать
warten

носить
tragen

сидеть
sitzen

надевать
anziehen

спать
schlafen

просыпаться
aufwachen

рассматривать

ansehen

плакать

weinen

гладить

streicheln

причесывать

kämmen

говорить

reden

понимать

verstehen

спрашивать

fragen

слушать

hören

пить

trinken

кушать

essen

наводить порядок

aufräumen

любить

lieben

готовить

kochen

ехать

fahren

летать

fliegen

ходить под парусом

segeln

считать

rechnen

читать

lesen

учиться

lernen

работать

arbeiten

вступать в брак

heiraten

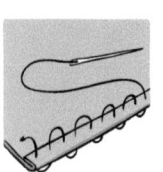

шить

nähen

чистить зубы

Zähne putzen

убивать

töten

курить

rauchen

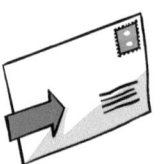

отправлять

senden

семья
die Familie

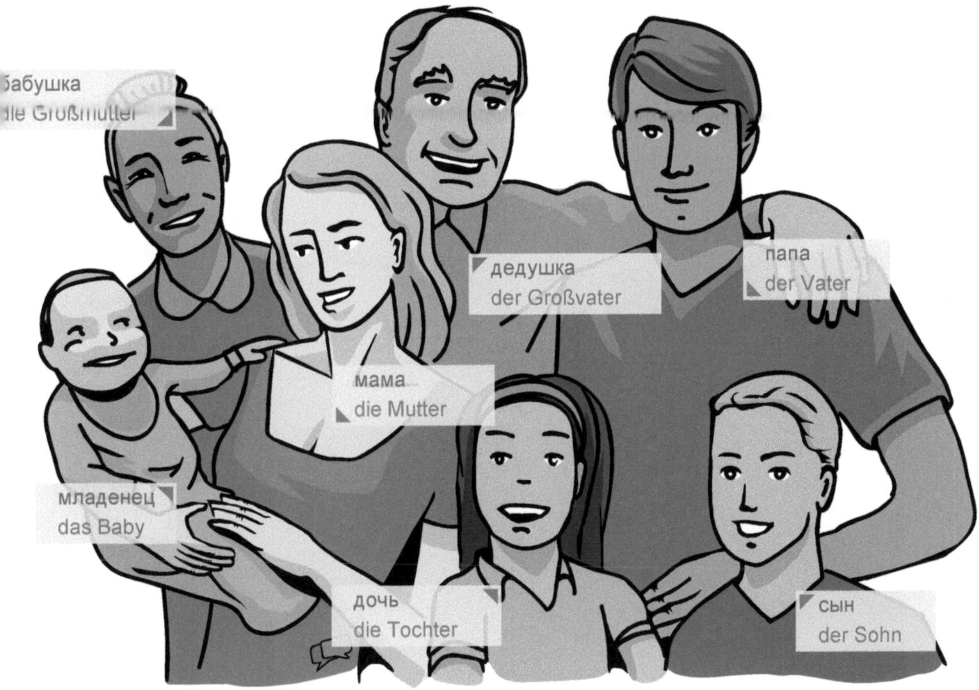
абушка
ie Großmutter
дедушка
der Großvater
папа
der Vater
мама
die Mutter
младенец
das Baby
дочь
die Tochter
сын
der Sohn

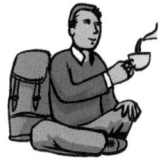

гость

der Gast

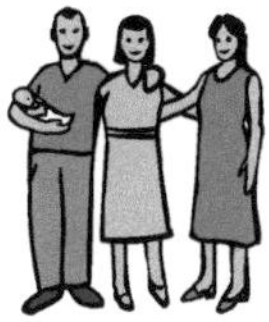

тетя

die Tante

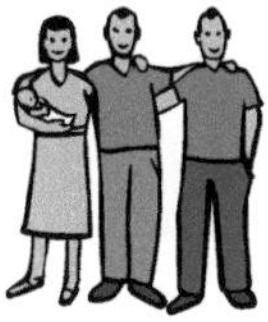

дядя

der Onkel

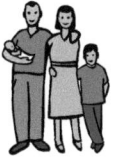

брат

der Bruder

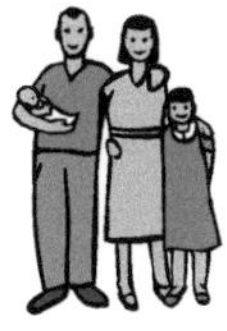

сестра

die Schwester

тело

der Körper

лоб
die Stirn
глаз
das Auge
плечо
die Schulter
палец
der Finger
лицо
das Gesicht
подбородок
das Kinn
кисть
die Hand
нога
das Bein
грудь
die Brust
рука
der Arm

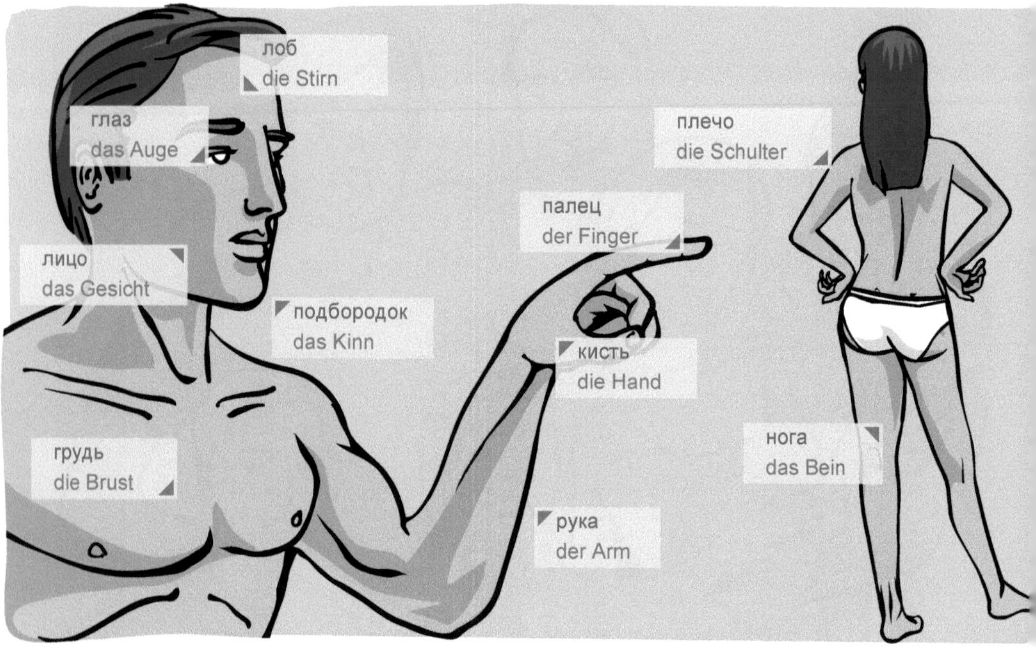

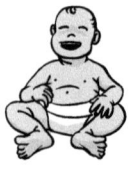

младенец

das Baby

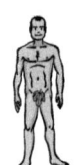

мужчина

der Mann

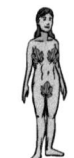

женщина

die Frau

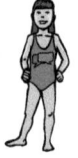

девочка

das Mädchen

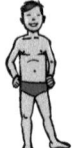

мальчик

der Junge

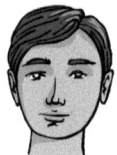

голова

der Kopf

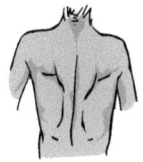

спина

der Rücken

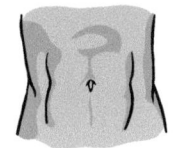

живот

der Bauch

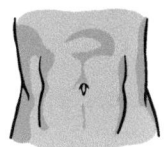

пупок

der Nabel

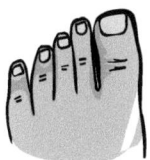

палец ноги

der Zeh

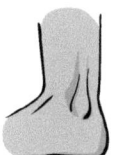

пятка

die Ferse

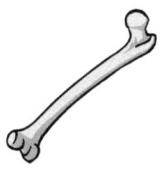

кость

der Knochen

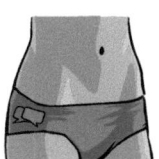

бедро

die Hüfte

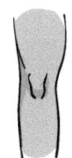

колено

das Knie

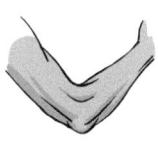

локоть

der Ellenbogen

нос

die Nase

ягодицы

das Gesäß

кожа

die Haut

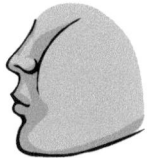

щека

die Wange

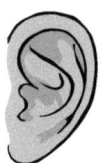

ухо

das Ohr

губа

die Lippe

тело - der Körper

рот

der Mund

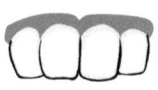

зуб

der Zahn

язык

die Zunge

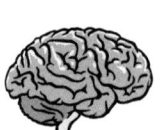

мозг

das Gehirn

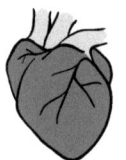

сердце

das Herz

мышца

der Muskel

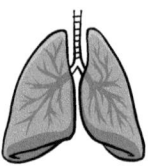

лёгкое

die Lunge

печень

die Leber

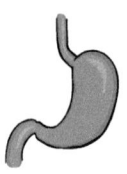

желудок

der Magen

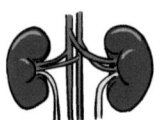

почки

die Nieren

половой акт

der Geschlechtsverkehr

презерватив

das Kondom

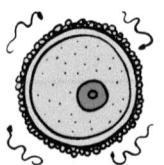

яйцеклетка

die Eizelle

сперма

das Sperma

беременность

die Schwangerschaft

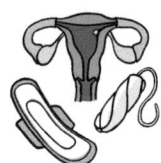

менструация

die Menstruation

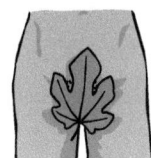

вагина

die Vagina

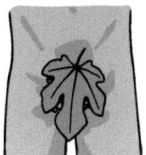

пенис

der Penis

бровь

die Augenbraue

волосы

das Haar

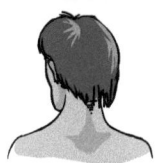

шея

der Hals

больница

das Krankenhaus

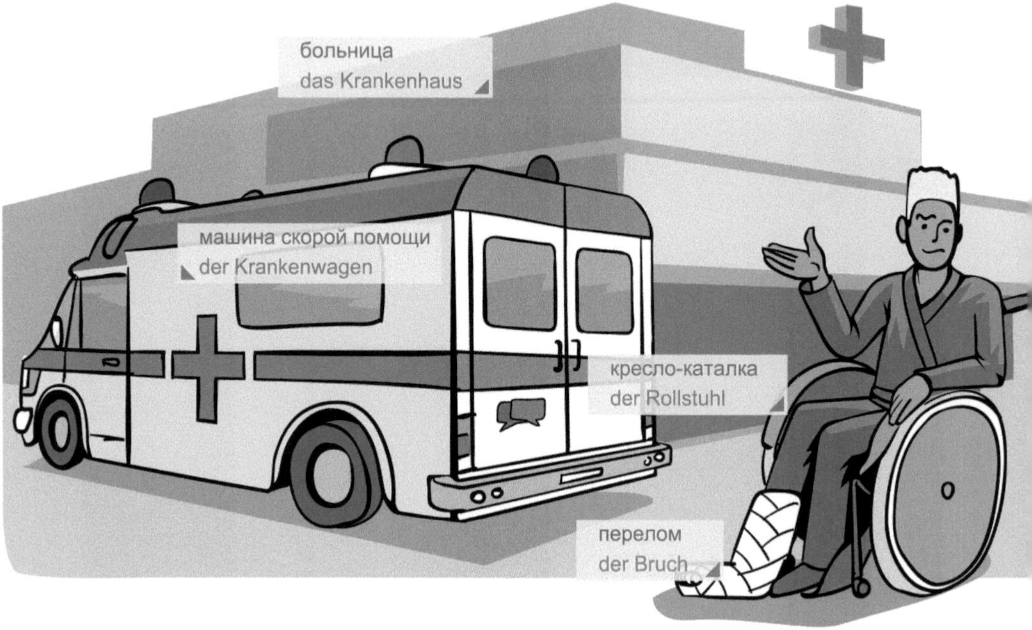

больница
das Krankenhaus
машина скорой помощи
der Krankenwagen
кресло-каталка
der Rollstuhl
перелом
der Bruch

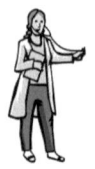

врач

der Arzt

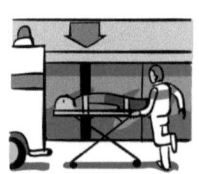

пункт первой помощи

die Notaufnahme

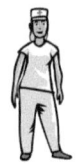

медсестра

die Krankenschwester

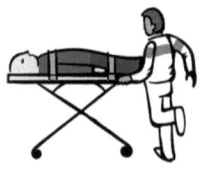

неотложный случай

der Notfall

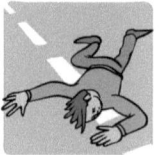

без сознания

ohnmächtig

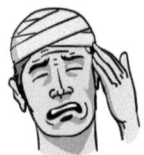

боль

der Schmerz

повреждение

die Verletzung

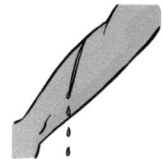

кровотечение

die Blutung

инфаркт

der Herzinfarkt

инсульт

der Schlaganfall

аллергия

die Allergie

кашель

der Husten

повышенная температура

das Fieber

грипп

die Grippe

понос

der Durchfall

головная боль

die Kopfschmerzen

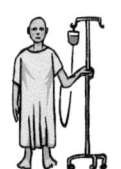

рак

der Krebs

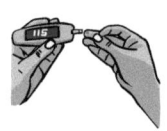

диабет

die Diabetis

хирург

der Chirurg

скальпель

das Skalpell

операция

die Operation

КТ

das CT

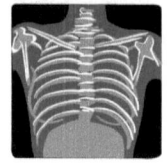

рентген

das Röntgen

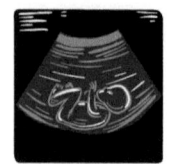

ультразвук

das Ultraschall

маска

die Maske

болезнь

die Krankheit

приёмная

das Wartezimmer

костыль

die Krücke

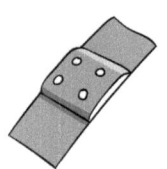

пластырь

das Pflaster

бинт

der Verband

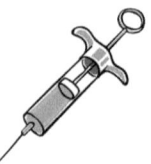

укол

die Injektion

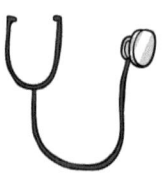

стетоскоп

das Stethoskop

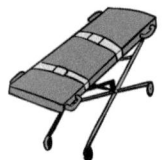

носилки

die Trage

термометр

das Thermometer

рождение

die Geburt

избыточный вес

das Übergewicht

слуховой аппарат

das Hörgerät

дезинфекционное средство

das Desinfektionsmittel

инфекция

die Infektion

вирус

das Virus

ВИЧ / СПИД

das HIV / AIDS

лекарство

die Medizin

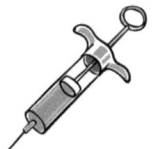

прививка

die Impfung

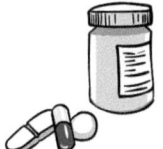

таблетки

die Tabletten

противозачаточная таблетка

die Pille

экстренный вызов

der Notruf

прибор для измерения кровяного давления

das Blutdruck-Messgerät

больной / здоровый

krank / gesund

Помогите!

Hilfe!

сигнал тревоги

der Alarm

нападение

der Überfall

атака

der Angriff

опасность

die Gefahr

запасной выход

der Notausgang

Пожар!

Feuer!

огнетушитель

der Feuerlöscher

несчастный случай

der Unfall

аптечка

der Erste-Hilfe-Koffer

SOS

SOS

милиция

die Polizei

Европа

das Europa

Северная Америка

das Nordamerika

Южная Америка

das Südamerika

Африка

das Afrika

Азия

das Asien

Австралия

das Australien

Атлантический океан

der Atlantik

Тихий океан

der Pazifik

Индийский океан

der Indische Ozean

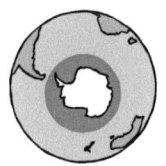

Антарктический океан

der Antarktische Ozean

Северный Ледовитый океан

der Arktische Ozean

Северный полюс

der Nordpol

Южный полюс

der Südpol

Антарктика

die Antarktis

земля

die Erde

суша

das Land

море

das Meer

остров

die Insel

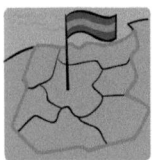

нация

die Nation

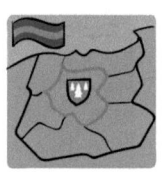

государство

der Staat

циферблат

das Zifferblatt

часовая стрелка

der Stundenzeiger

минутная стрелка

der Minutenzeiger

секундная стрелка

der Sekundenzeiger

Который час?

Wie spät ist es?

день

der Tag

время

die Zeit

сейчас

jetzt

электронные часы

die Digitaluhr

минута

die Minute

час

die Stunde

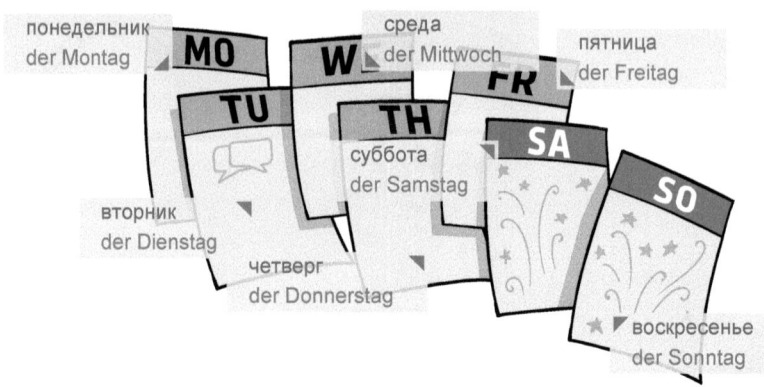

понедельник
der Montag

среда
der Mittwoch

пятница
der Freitag

вторник
der Dienstag

суббота
der Samstag

четверг
der Donnerstag

воскресенье
der Sonntag

вчера

gestern

сегодня

heute

завтра

morgen

утро

der Morgen

полдень

der Mittag

вечер

der Abend

рабочие дни

die Arbeitstage

выходные

das Wochenende

год

das Jahr

дождь
der Regen
радуга
der Regenbogen
снег
der Schnee
ветер
der Wind
весна
der Frühling
осень
der Herbst
лето
der Sommer
зима
der Winter

4.APRIL 11°
5.APRIL 4°
6.APRIL 13°
7.APRIL 8°
8.APRIL 10°

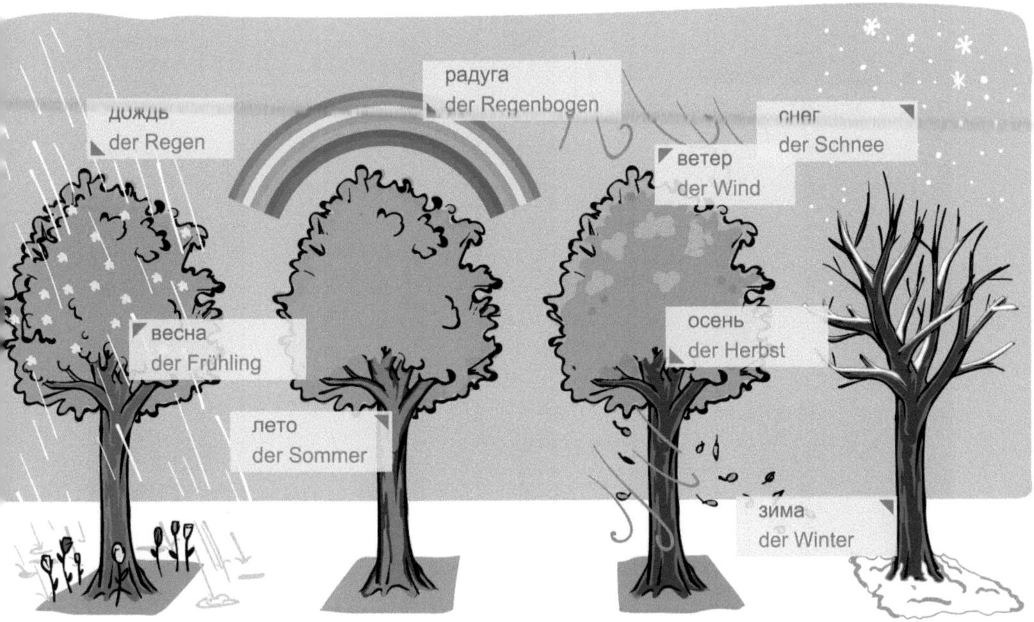

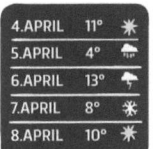

прогноз погоды

die Wettervorhersage

F C
120 90 60 30 0 -30
40 30 20 10 0 -10 -20

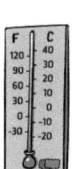

термометр

das Thermometer

солнечный свет

der Sonnenschein

туча

die Wolke

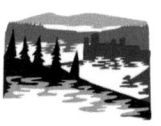

туман

der Nebel

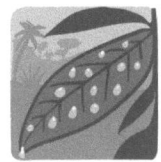

влажность воздуха

die Luftfeuchtigkeit

молния

der Blitz

гром

der Donner

буря

der Sturm

град

der Hagel

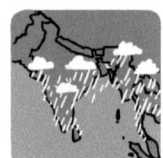

муссон

der Monsun

наводнение

die Flut

лёд

das Eis

январь

der Januar

февраль

der Februar

март

der März

апрель

der April

май

der Mai

июнь

der Juni

июль

der Juli

август

der August

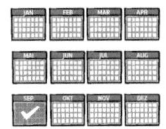

сентябрь

der September

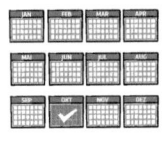

октябрь

der Oktober

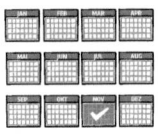

ноябрь

der November

декабрь

der Dezember

формы
die Formen

круг

der Kreis

квадрат

das Quadrat

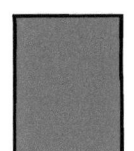

прямоугольник

das Rechteck

треугольник

das Dreieck

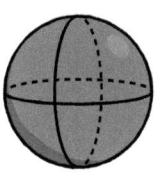

шар

die Kugel

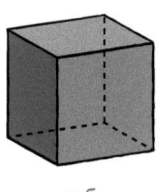

куб

der Würfel

белый

weiß

желтый

gelb

оранжевый

orange

розовый

pink

красный

rot

лиловый

lila

синий

blau

зелёный

grün

коричневый

braun

серый

grau

черный

schwarz

много / мало

viel / wenig

яростный / мирный

wütend / friedlich

красивый / уродливый

hübsch / hässlich

начало / конец

der Anfang / das Ende

большой / маленький

groß / klein

светлый / темный

hell / dunkel

брат / сестра

der Bruder / die Schwester

чистый / грязный

sauber / schmutzig

полный / неполный

vollständig / unvollständig

день / ночь

der Tag / die Nacht

мёртвый / живой

tot / lebendig

широкий / узкий

breit / schmal

съедобный / несъедобный

genießbar / ungenießbar

злой / дружелюбный

böse / freundlich

взволнованный /
скучающий
aufgeregt / gelangweilt

толстый / худой

dick / dünn

сначала / в конце

zuerst / zuletzt

друг / враг

der Freund / der Feind

полный / пустой

voll / leer

твёрдый / мягкий

hart / weich

тяжёлый / легкий

schwer / leicht

голод / жажда

der Hunger / der Durst

больной / здоровый

krank / gesund

незаконный / законный

illegal / legal

умный / глупый

intelligent / dumm

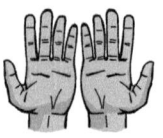

слева / справа

links / rechts

близко / далеко

nah / fern

новый / подержанный

neu / gebraucht

ничто / нечто

nichts / etwas

старый / молодой

alt / jung

включено / выключено

an / aus

открыто / закрыто

offen / geschlossen

тихо / громко

leise / laut

богатый / бедный

reich / arm

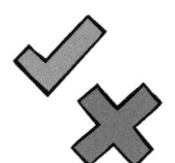

правильный / неправильный

richtig / falsch

шероховатый / гладкий

rau / glatt

печальный / счастливый

traurig / glücklich

короткий / длинный

kurz / lang

медленный / быстрый

langsam / schnell

мокрый / сухой

nass / trocken

тёплый / прохладный

warm / kühl

война / мир

der Krieg / der Frieden

0

ноль

null

1

один

eins

2

два

zwei

3

три

drei

4

четыре

vier

5

пять

fünf

6

шесть

sechs

7

семь

sieben

8

восемь

acht

9

девять

neun

10

десять

zehn

11

одиннадцать

elf

12

двенадцать

zwölf

13

тринадцать

dreizehn

14

четырнадцать

vierzehn

15

пятнадцать

fünfzehn

16

шестнадцать

sechzehn

17

семнадцать

siebzehn

18

восемнадцать

achtzehn

19

девятнадцать

neunzehn

20

двадцать

zwanzig

100

сто

hundert

1.000

тысяча

tausend

1.000.000

миллион

million

английский
....

Englisch

американский английский
....

Amerikanisches Englisch

мандаринский китайский
....

Chinesisch Mandarin

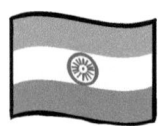

хинди
....

Hindi

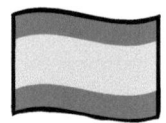

испанский
....

Spanisch

французский
....

Französisch

арабский
....

Arabisch

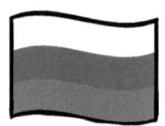

русский
....

Russisch

португальский
....

Portugiesisch

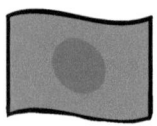

бенгальский
....

Bengalisch

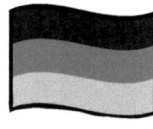

немецкий
....

Deutsch

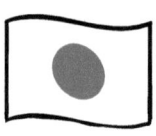

японский
....

Japanisch

я
ich

ты
du

он / она / оно
er / sie / es

мы
wir

вы
ihr

они
sie

кто?
wer?

что?
was?

как?
wie?

где?
wo?

когда?
wann?

имя
Name

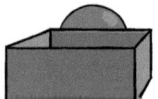

за

hinter

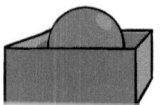

в

in

перед

vor

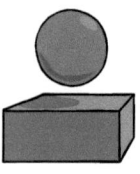

над

über

на

auf

под

unter

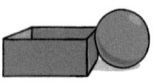

рядом

neben

между

zwischen

место

der Ort